# Inhalt

**Das 4. Weltwasserforum in Mexiko-City - Lösungen für die Wasserversorgung der Armen dringend gesucht**

Kernthesen

Beitrag

Fallbeispiele

Weiterführende Literatur

Impressum

# Das 4. Weltwasserforum in Mexiko-City - Lösungen für die Wasserversorgung der Armen dringend gesucht

*I.Zeilhofer-Ficker*

## Kernthesen

- Im März 2006 trafen sich 13 000 Experten und Abgeordnete in Mexiko City zum 4. Weltwasserforum, um über die Problematik der globalen Wasserversorgung zu diskutieren und Erfahrungen auszutauschen.

- Die Versorgung mit sauberem Trinkwasser ist nicht für jeden Menschen selbstverständlich 1,1 Milliarden Menschen haben keinen Zugang dazu und 2,6 Milliarden müssen ohne sanitäre Einrichtungen auskommen.
- Patentrezepte gegen den Trinkwassermangel gibt es leider nicht weder große Staudammprojekte noch die Privatisierung der Wasserversorgung haben die gewünschte Verbesserung gebracht.
- Für die Zukunft erwartet man sogar eine Verschärfung der Situation und Kriege um Wasser sind zu befürchten.

## Beitrag

Kaum genug Wasser zum Überleben zu haben ist für die Ärmsten unserer Welt normal. Auf dem Weltwasserforum in Mexiko City wurden Erfahrungsberichte ausgetauscht und Lösungswege diskutiert, wie die globale Wasserversorgung verbessert werden könnte.

## Sauberes Trinkwasser, für viele

## ein unerreichbarer Luxus

Für mehr als eine Milliarde Menschen rund 20 Prozent der Weltbevölkerung - ist es nicht selbstverständlich, täglich sauberes Trinkwasser zur Verfügung zu haben. In Kanistern und Kübeln wird Wasser aus schmutzigen Tümpeln oft kilometerweit nach Hause getragen oder man wartet auf den Tankwagen, bei dem man hin und wieder einige brackige Liter des kostbaren Nasses abfüllen kann. Noch schlimmer sieht es bei der Abwasserversorgung aus. Rund 2,6 Milliarden müssen ohne Toilette, Dusche, Bad auskommen. Die Folgen sind fatal: 6000 Menschen, darunter 4000 Kinder, sterben jeden Tag, weil sie schmutziges Wasser getrunken haben. Rund 80 Prozent aller Krankheiten in Entwicklungsländern sind durch die schlechte Wasserversorgung bedingt. (1), (2), (4)

Obwohl sich die Weltgemeinschaft zum Ziel gesetzt hat, die Anzahl der Menschen ohne Trinkwasserzugang sowie diejenigen ohne sanitäre Einrichtungen bis zum Jahr 2015 zu halbieren, dürfte sich die Situation in den kommenden Jahren eher noch verschlimmern. Bis zum Jahr 2030 wird die Menschheit 55 Prozent mehr Nahrungsmittel brauchen als heute. Dazu erwartet man durch den Klimawandel eine Verschärfung der Wasserproblematik mit Dürren oder

Überschwemmungen in vielen Gebieten der Welt. Die Landwirtschaft verbraucht heute 70 Prozent allen genutzten Wassers. Zur Produktion von einem Kilogramm Getreide sind 1,5 Kubikmeter Wasser notwendig, um ein Kilogramm Rindfleisch herzustellen braucht es 15 Kubikmeter. Wasser, das als Trinkwasser fehlt. (1), (5)

Dabei hat die Erde eigentlich genug Wasser für alle es müsste nur gerechter verteilt werden. Denn während in den Armenhäusern der Welt latenter Wassermangel herrscht und die Menschen oft mit weniger als 20 Liter Wasser pro Tag auskommen müssen, verbraucht der Durchschnittsamerikaner 3,5 Kubikmeter, der Europäer 1,9 Kubikmeter pro Tag. Ein Großteil des Wasserverbrauchs verdunstet durch verschwenderische Bewässerungssysteme oder versickert durch marode Leitungssysteme. Investitionen in Milliardenhöhe allein in Asien 60 Milliarden, in Afrika 20 Milliarden wären nötig, um die Wasserversorgung zu sichern. (1), (2), (5), (6), (7)

Verschärft wird das Problem in den armen Ländern häufig durch Unfähigkeit und Korruption der lokalen Behörden. Einen nationalen Wasserplan, wie anlässlich des Entwicklungsgipfels 2002 in Johannesburg gefordert, haben erst weniger als 30 Länder aufgestellt. Von der jährlichen Entwicklungshilfe für den Wassersektor von durchschnittlich drei Milliarden US-Dollar kommen regelmäßig nur etwa zehn Prozent tatsächlich bei den Projekten an. (1), (3)

## Kann das Weltwasserforum Abhilfe schaffen?

Das erklärte Ziel des im Jahre 1996 gegründeten Weltwasserrates ist es, zum Schutz und Management der weltweiten Wasserreserven beizutragen und das öffentliche Bewusstsein für globale Wasserbelange zu schärfen. Schon im Jahr 1997 fand zu diesem Zweck das erste Weltwasserforum in Marokko statt, im Jahr 2000 folgte ein Forum in Den Haag und 2003 ein weiteres in Kyoto. Das 4. Weltwasserforum in Mexiko City, das vom 16. bis 22. März 2006 durchgeführt wurde, hatte sich das Leitmotto Lokale Aktionen für eine globale Herausforderung gegeben. In vielen Diskussionsrunden und Vorträgen wurden rund 500 Ideen präsentiert, wie man dem globalen Wasserproblem wirksam begegnen könnte. 13 000 Experten und Politiker aus 120 Ländern nahmen an dem Forum teil, obwohl die Teilnahmegebühr von 600 Dollar pro Person vor allem von Nichtregierungsorganisationen als viel zu hoch kritisiert wurde. (8), (9)

Überhaupt ist das Forum nicht unumstritten, denn der organisierende Weltwasserrat ist überwiegend mit Vertretern von (Wasser-) Industrie und Wirtschaft besetzt, denen man nachsagt, hauptsächlich Lösungen zu propagieren, die für die Großunternehmen Profite versprechen. Belegt sind diese Vorwürfe durch die Resultate der früheren Foren. So war beispielsweise die Weltbank als Folge des zweiten Weltwasserforums nur noch bereit, Wasserprojekte zu fördern, wenn die Wasserversorgung gleichzeitig privatisiert wurde. Viele der damals begonnen Privatisierungsprojekte sind allerdings zwischenzeitlich gescheitert und Privatfirmen ziehen sich aus vielen Gebieten zurück, weil sie unter Armutsbedingungen nicht kostendeckend arbeiten konnten. Als neuer Lösungsweg wurden in Kyoto 2003 deshalb vor allem Public Private Partnerships, also die Zusammenarbeit von staatlichen und privaten Stellen propagiert, die sich allerdings auch vorwiegend auf Großprojekte mit guten Gewinnaussichten beschränkten. (10), (11), (12), (13), (14)

Als Kontrapunkt wurde deshalb von Nichtregierungsorganisationen ein Gegenforum organisiert, bei dem ebenfalls mehr als 10 000 Teilnehmer gezählt wurden. Hauptthema des Gegenforums war die Frage, wie Wasser als öffentliches Gut geschützt werden kann. Eine

Festschreibung des Grundrechts auf Wasser wurde gefordert, eine Forderung, die schon bald auch die Diskussionen des diesjährigen Weltwasserforums bestimmte. Die abschließende Ministerrunde konnte sich allerdings nicht zu einer unterstützenden Abschlusserklärung pro Recht auf Wasser durchringen. Bolivien, Venezuela, Kuba und Uruguay veröffentlichten deshalb einen Anhang, in dem Wasser und Wasserwirtschaft als souveränes Recht eines jeden Landes bezeichnet wurde. (2), (7), (9), (12)

## Fallbeispiele

Mexiko City selbst ist ein gutes Beispiel für den Wassermangel in Armenvierteln. Da das Grundwasser von den 20 Millionen Einwohnern der Stadt schon fast aufgebraucht wurde, kommt das Trinkwasser von einem Stausee in den Bergen über eine 150 Kilometer lange Leitung. Wegen defekter Leitungen geht auf dem Weg schon ein Drittel verloren. Trinkwasserqualität hat das Nass aus den Leitungen nur selten, weshalb der Verbrauch an Flaschenwasser Rekordhöhen erreicht hat. Die Armenviertel werden per Tanklaster versorgt. Ein Plan zur Verbesserung der Trinkwasserversorgung existiert, ist aber aus politischen Gründen noch nicht verabschiedet worden. (18)

Schlimme Zustände herrschen in China, wo dem Wasser überhaupt kein Wert zugemessen wird. Deshalb existieren zwar Umweltschutzgesetze, die aber auf dem Weg der Korruption meistens umgangen werden. So ist das Trinkwasser von 300 Millionen Menschen oft mit Chemikalien verseucht und 90 Prozent der Städte kämpfen mit verschmutztem Trinkwasser. Solange nur lächerliche Bußen für Umweltsünden verhängt werden, dürfte sich an dieser Lage kaum etwas ändern. (19)

In Argentinien, Bolivien und Uruguay wurde versucht, die Wassernot über Privatisierung zu lindern. Das Ergebnis waren wesentlich teurere Preise für schlechtere Wasserqualität. In vielen Fällen werden nun erteilte Konzessionen wieder entzogen. In Bogota löste man das Versorgungsproblem zum einen durch umfangreiche Wasser-Spar-Kampagnen, andererseits durch eine Preispolitik, mit der die reicheren Wasserkunden durch höhere Preise die Wasserversorgung der Armen subventionieren. (18), (20)

Das Lesotho-Wasserprojekt im Süden Afrikas stößt auf gemischte Resonanz. Während durch das Staudamm-/Wasserleitungsprojekt aus den Bergen

Lesothos die Wasserversorgung in den südafrikanischen Townships um Johannesburg und Pretoria wesentlich verbessert werden konnte, leidet die lokale lesothische Bevölkerung unter den Auswirkungen des Bauprojekts. Kleinbauern wurden enteignet und haben nun keinen Broterwerb mehr. Entschädigungszahlungen reichen nicht aus und so sind aus Bauern Bettler geworden. (21)

Keimfreies Wasser durch Sonnenenergie kann man durch den Einsatz von Sodis (solare Wasserdesinfektion) erhalten. Dieses einfache Verfahren könnte die Zahl der Durchfallerkrankungen durch verschmutztes Wasser um 30 bis 70 Prozent verringern. Das Verfahren ist denkbar einfach: das Wasser wird in eine durchsichtige PET-Flasche gefüllt und über sechs Stunden der prallen Sonne ausgeliefert. Die UVA-Strahlen der Sonne töten Durchfallerreger wie Cholera- oder Rotaviren ab. (22)

## Weiterführende Literatur

(1) Auf dem Trockenen
aus WirtschaftsWoche online vom 2006-03-22

(2) Explosiver Rohstoff Wasser Der tägliche Weg zum schmutzigen Tümpel
aus Saarbrücker Zeitung vom 22.03.2006

(3) Die Verwaltung des Wassers verbessern Ein neuer Bericht der Uno fordert eine verstärkte Rolle der Lokalbehörden
aus Neue Zürcher Zeitung, 22.03.2006, Nr. 68, S. 5

(4) Sauberes Trinkwasser ist Luxus
aus "Salzburger Nachrichten" vom 23.03.2006 Seite: 11

(5) Die Wüste wächst
aus Süddeutsche Zeitung, 21.03.2006, Ausgabe Deutschland, S. 7

(6) Weltwasserforum Weltwasserrat: Zugang zu Wasser ist Grundrecht aller Menschen
aus sda - Schweizerische Depeschenagentur, 20060322 1:15

(7) Eingreiftrupp soll Konflikte ums Wasser lösen
aus Süddeutsche Zeitung, 18.03.2006, Ausgabe Deutschland, S. 8

(8) Ehringfeld, Klaus, Kriege ums Wasser befürchtet, Kölner Stadtanzeiger, 17.03.2006
aus Süddeutsche Zeitung, 18.03.2006, Ausgabe Deutschland, S. 8

(9) "Trinkwasser ist keine Privatsache" Das Wasser dürfe nicht den Konzernen überlassen werden, warnt Boliviens Wasserminister Mamani. Deshalb müsse es aus Handelsabkommen herausgelöst werden. Seine Vorschläge ernten Beifall, das 4. Weltwasserforum folgt ihnen aber nicht

aus taz, 24.03.2006, S. 8

(10) WELTWASSERFORUM
aus taz, 10.03.2006, S. 3

(11) Wasser als Wirtschaftsgut Wer natürliche Ressourcen zur Ware erklärt, verfolgt ökonomische Interessen. Seit einem Jahrzehnt werben Lobbygruppen für gigantische Investitionen in die Wassergewinnung und -verteilung von Philippe Rekacewicz
aus Le Monde diplomatique, 10.06.2005, S. 19-20

(12) Wasser: Vom Bedürfnis zum Recht
aus Tagesanzeiger vom 22.03.2006 Seite 27

(13) Allgemeingut Wasser Mehrere Staaten Lateinamerikas fordern, Wasser aus sämtlichen Freihandelsverträgen herauszunehmen
aus taz, 16.03.2006, S. 4

(14) Der Kampf ums Wasser tobt immer heftiger Ein Sechstel der Menschheit hat keinen Zugang zu sauberem Trinkwasser - heute ist Weltwassertag
aus BaZ Ausgabe 69 vom 22.03.2006 Seite 9

(15) Stevenson, Mark, In der Dritten Welt boomt das Geschäft mit Wasserflaschen, Frankfurter Neue Presse, Gemeinsame Ausgabe, 17.03.2006, S. 4
aus BaZ Ausgabe 69 vom 22.03.2006 Seite 9

(16) Wasser für die Armen bringt Wohlstand für alle
aus Süddeutsche Zeitung, 16.03.2006, Ausgabe

Deutschland, S. 2

(17) Die Bauern sind das Fass ohne Boden
aus VDI NR. 12 VOM 24.03.2006 SEITE 14

(18) Weiss, Sandra, Konflikte um das knappe Gut Wasser verschärfen sich, Badische Zeitung, 16.03.2006
aus VDI NR. 12 VOM 24.03.2006 SEITE 14

(19) Wenn das Wasser weniger wert ist als Dreck
aus Tagesanzeiger vom 15.03.2006 Seite 10

(20) Menschenrecht oder Ware?
aus Der Bund vom 16.03.2006 Seite 5

(21) Devisen für Maseru - wenig für die Anwohner
Widersprüchliche Bilanz des Lesotho-Wasserprojekts
aus Neue Zürcher Zeitung, 22.03.2006, Nr. 68, S. 5

(22) Eine einfache Plastikflasche gibt den Ärmsten eine Chance
aus Tagesanzeiger vom 16.03.2006 Seite 38

# Impressum

## Das 4. Weltwasserforum in Mexiko-City - Lösungen für die Wasserversorgung der Armen dringend gesucht

**Bibliografische Information der deutschen Nationalbibliothek**

Die Deutsche Nationalbibliothek verzeichnet diese Publikation in der deutschen Nationalbibliografie; detaillierte bibliografische Daten sind im Internet über http://dnb.d-nb.de abrufbar.

ISBN: 978-3-7379-1463-5

© 2015 GBI-Genios Deutsche Wirtschaftsdatenbank GmbH, Freischützstraße 96, 81927 München, www.genios.de

Alle Rechte vorbehalten. Dieses Werk ist einschließlich aller seiner Teile – z.B. Texte, Tabellen und Grafiken - urheberrechtlich geschützt. Jede Verwertung außerhalb der Grenzen des Urheberrechtsgesetzes bedarf der vorherigen Zustimmung des Verlags. Dies gilt insbesondere auch für auszugsweise Nachdrucke, fotomechanische Vervielfältigungen (Fotokopie/Mikroskopie), Übersetzungen, Auswertungen durch Datenbanken oder ähnliche Einrichtungen und die Einspeicherung und Verarbeitung in elektronischen Systemen.